H 004

GARDE A VOUS!

OU

LE CRI DE LA SENTINELLE

AUX THÉATRES DE PARIS.

PARIS. — IMPRIMERIE DE DONDEY-DUPRÉ,
Rue Saint-Louis, N° 46, au Marais.

GARDE A VOUS!

OU

LE CRI DE LA SENTINELLE

AUX THÉATRES DE PARIS;

Par M. DUPUIS DUMARSAIS.

Fluat cum versu sententia!

PARIS.

DONDEY-DUPRÉ PÈRE ET FILS, IMP.-LIB.,
Rue St-Louis, N° 46, et rue Richelieu, N° 47 *bis*;

DELAUNAY, PALAIS-ROYAL;

MONGIE, BOULEVART DES ITALIENS.

1829.

GARDE A VOUS !

ou

LE CRI DE LA SENTINELLE

AUX THÉATRES DE PARIS.

———◆———

DIGNE objet des travaux de nos brillans aïeux,
Le théâtre aujourd'hui règne sur leurs neveux ;
Et, docile à nos goûts, la baguette des fées
Semble avoir enfanté ces magiques palais
Où Thalie, abrégeant le cours de nos soirées,
Un tarif à la main accueille ses sujets.
Mais de la déité l'avare tyrannie
Lève sur leurs plaisirs de bien rudes impôts ;
Et si l'on veut parfois oublier tous ces maux
Qui de maint pauvre diable empoisonnent la vie,
Cruelle alternative ! étouffant la clameur
D'un estomac brutal et sans philosophie,
Pour s'amuser le soir il faut dîner par cœur.
Aussi, j'en fais l'aveu : quand je lis Démosthènes,
Ce qui me frappe, moi, c'est de voir qu'on entrait
Moyennant une obole aux spectacles d'Athènes,

Et ce peuple léger, sourd à son intérêt,
Sur ce point là, du moins, mieux que nous l'entendait.

Si, jaloux d'obtenir un poste favorable,
Sans daigner achever mon modeste repas,
Au moment du dessert j'abandonne la table,
Et, la montre à la main, précipite mes pas :
Grand Dieu ! que vois-je ? ô foule, ô foule épouvantable,
Où chacun à l'étroit gémit emprisonné,
Où d'hostiles voisins peut-être environné,
Tandis qu'à mes dépens une main diligente
Exercera sans bruit un utile loisir,
Il me faudra payer de trois heures d'attente
Cet instant fugitif où m'attend le plaisir.
On ouvre cependant, et tout droit au parterre,
Au bout d'un siècle entier, croyant toucher au port,
J'arrive : prudemment écartons-nous d'abord
Du groupe belliqueux dont la mine guerrière,
Les longs bras, la voix forte et les robustes mains
Révèlent ces héros, ces modernes romains
Qui *gratis* du théâtre ont dépassé les portes,
Et, dans leurs rangs serrés enchaînant les destins,
Retracent des Césars les fameuses cohortes.

Fidèle partisan d'une franche gaîté,
Où brille par éclairs la mordante satire,
Pour dérider un front trop souvent attristé,
C'est aux *Variétés* que je m'apprête à rire.
O vœux bientôt déçus ! téméraires projets !
Plus de ces mots piquans, plus de ces réparties
Dont l'aimable Momus enrichit ses couplets.
Doubles sens effrontés, lourdes bouffonneries,
Trop fidèles tableaux, gestes souvent trop vrais,
Voilà de ce séjour les riantes folies ;
Et si je vois briller, parmi tant de longueurs,
D'une heureuse gaîté quelques pâles lueurs,
Il me faut, habitant d'une zone nouvelle,
Dont l'atmosphère pèse à mon esprit rebelle,
Voir passer, habillés d'ennuyeux calembourgs,
Tous les sales propos qu'on débite aux faubourgs.

S'il en est tems encore, et grâce au voisinage,
Allons vite, au *Gymnase* allons porter nos pas.
Des halles et des ports les mœurs et le langage,
Le ciel en soit loué ! ne m'y poursuivront pas.
Le bon goût y savoure avec délicatesse
Ces petits mots, ces riens pétillant de finesse,
Ces traits de sentiment dont la douce chaleur

Dans le cœur prend naissance et va toucher au cœur.
Point de gaîté bruyante : un charmant badinage,
Que gâte un peu d'apprêt et de marivaudage,
N'y provoquent jamais de bien joyeux éclats ;
Mais un piquant sourire a de plus doux appas ;
Quand soudain, contre nous employant d'autres armes,
A quelque mot touchant l'auteur nous attendrit,
Et d'un choc imprévu surprenant notre esprit,
Au sourire lui-même emprunte encor des larmes.
Des larmes ! mais vraiment où suis-je ? Il me semblait
Que notre auteur avait du nom de vaudeville
Baptisé cet enfant de sa verve facile,
Et s'il m'en souvient bien, mon oreille en effet
A cru de loin en loin distinguer un couplet.
Un couplet, quel effort ! voilà bien, ou je meure,
Un joyeux vaudeville ! oui, joyeux ? on y pleure ;
C'est un drame plutôt, et pour pleurer, ma foi,
Je n'avais pas besoin de sortir de chez moi.
En vain me suis-je armé de cet arrêt sévère :
O *Scribe*, à ton nom seul expire ma colère.
Que tes tableaux sont pleins de grâce, de fraîcheur !
Et si parfois, cherchant à remuer ce cœur
Dont tu nous veux tracer l'énergique peinture,
Tes pinceaux égarés altèrent la nature,

Le public, caressant un mensonge si doux,
Au charme s'abandonne, et l'auteur est absous.
Ainsi donc je m'apaise en faveur du Gymnase.
Légers, mais mesurés, éloquens sans emphase,
Ses acteurs, possédant les grâces du salon,
Savent déguiser l'art sous un air d'abandon.

Qui pourrait, insensible à leur verve entraînante,
Supporter désormais le débit ampoulé
De maint acteur chétif qui, de vent tout gonflé,
Étonne, au boulevard, une foule ignorante ?
Qui, d'un air furibond, faisant tonner les mots,
Ne s'échauffe jamais, ou jamais à propos ;
Dont le maintien, l'organe et les traits sans noblesse
Contrastent plaisamment avec tous ces hauts noms
De rois, de généraux, de juges, de barons,
Que le plus mince auteur dispense avec largesse.
Ah ! je respire enfin, il me tardait vraiment
De rendre un juste hommage à ce rare talent,
Et même en cet instant, malgré moi, je regrette
De n'avoir point encor soldé toute ma dette ;
Ce noble but lui seul m'eût inspiré des vers,
Et quand, pour ranimer une débile muse,

Tel auteur se met l'ame et l'esprit à l'envers,
La mienne à ce doux soin se délasse et s'amuse.

Sur la toile où ma main a dépeint ces acteurs
Faut-il du *mélodrame* essayer les couleurs?
Le mélodrame, hélas!... à ce nom redoutable
Qui ne s'est figuré ce monstre théâtral,
Ce monstre comico-tragico-musical,
Larmoyant et chantant, plaisant et lamentable,
Qu'on voit, au premier acte, obscur et tortueux,
Parmi les noirs complots, les feintes confidences,
Et d'une amante en pleurs les longues doléances,
Suivre en dissimulant un chemin ténébreux;
Promener un niais dont la figure blême
Paraît moins fade encor qu'il n'est fade lui-même,
Et pour finir le tout par un grand coup d'éclat,
Descendre le rideau sur un assassinat;
Qui, sur les bords fleuris d'une rive champêtre,
Lorsqu'un acte nouveau vient à nos yeux paraître,
Aux doux sons du hautbois, du léger galoubet,
Déploie à nos regards les pompes d'un ballet;
Quand soudain, ranimant et les cris et les larmes,
Et mêlant à ces jeux le tumulte des armes,

Il ordonne à grand bruit une arrestation,
Amène, au troisième acte, une accusation,
Un cachot et des fers, un interrogatoire
Gaîment assaisonné de termes de grimoire,
Où, brûlant de tout dire et ne pouvant parler,
Le juste à son devoir est près de s'immoler,
Jusqu'au tardif instant, marqué par la vengeance,
Qui fait dans tout son jour éclater l'innocence,
Et nous montrant enfin le méchant abattu,
Sur sa juste ruine élève la vertu!

Mais c'est trop répéter l'éternel persifflage
Dont ce bon mélodrame est l'éternel objet.
Blâmer, toujours blâmer, c'est un triste partage;
Monsieur le satirique, un instant, s'il vous plaît;
Encouragez du moins cette rivale altière,
Qui, de ses vieilles sœurs abandonnant l'ornière,
Des Gœthe, des Schiller emprunte les pinceaux,
Et, traçant à grands traits d'énergiques tableaux,
A nos essais découvre une immense carrière.
Évitons, toutefois, que le juste besoin
D'inventer, de créer, ne nous mène trop loin,
Et n'oublions jamais qu'il est dans la nature

Des monstres dont nos yeux redoutent la peinture ;
De ces égaremens dont l'effrayante horreur
D'une ame honnête et pure outrage la pudeur,
Et que des assassins le féroce langage,
S'il ne dégoûtait point une muse sauvage,
Doit être avec mépris à jamais repoussé
Loin du goût délicat d'un peuple policé.

Je vois aux *Nouveautés* la pâle *Valentine*,
Dont le printems flétri vers la tombe s'incline,
A nos yeux étalant ses regrets douloureux,
Sa cruelle agonie et ses derniers adieux.
Ce tableau n'offre rien dont la vertu s'offense ;
Mais l'auteur en est-il plus digne d'indulgence ?
J'avais cru jusqu'ici, dans mon bon sens épais,
Que, s'armant à propos d'un adroit artifice,
La scène avait pour but de dépouiller le vice
Du masque mensonger dont il pare ses traits ;
Pourquoi donc, sans raison excitant cette flamme
Que la tendre pitié nourrit au fond des cœurs,
Lorsque tant d'ennemis ont assiégé notre ame,
Du corps humain lui seul explorer les douleurs ?
Pourquoi de l'homme ainsi détruire le courage

A l'aspect de ces maux qu'il ne saurait guérir?
La mort n'a pas besoin, hélas! d'apprentissage,
Et qui vit sagement en sage sait mourir.

S'il n'est aucun travers que ma muse ne fronde,
Prêt à porter plus loin ma course vagabonde,
Je veux sur ce théâtre ajouter quelques mots :
Qu'il prétende imiter, surpasser ses rivaux,
Gardons-nous sur ce point de lui chercher dispute,
Et parfois le succès couronne ses travaux.
Mais qui veut trop oser est bien près de sa chute.
Désertant à son tour le sentier plein d'appas
Où, la marotte en main, le riant vaudeville,
Couronné des présens d'une terre fertile,
Parmi les fleurs aimait à prendre ses ébats,
Vers un plus noble but il a porté ses pas.
De l'Opéra-Comique étroite succursale,
A-t-il espoir d'atteindre une gloire rivale,
Et doit-il, écoutant sa folle vanité,
A des rêves trompeurs immoler sa gaîté?
Puisse-t-il démentir ma prudence craintive!
Du joyeux vaudeville enfant abâtardi,
Indigne nourrisson de sa mère adoptive,

Je le vois ballotté de l'une à l'autre rive,
Toujours voisin du port, du port toujours banni.

Que n'est-il seul en proie à l'aveugle manie
De former sans raison de chimériques vœux !
Feydeau, Feydeau, l'objet d'une impuissante envie,
D'étendre ses destins lui-même est envieux.
Ils ont fui, ces beaux jours où l'Opéra-Comique
Avec art unissait, digne fils d'Apollon,
Aux grâces de l'esprit l'attrait de la musique ;
De comique il n'a plus aujourd'hui que le nom.
Séduisant *Dalayrac*, dont la muse légère
Du Français né sensible, inconstant et malin,
Retraça dans ses chants l'aimable caractère,
Combien gémirais-tu si, trompant le destin,
Ton ombre tout-à-coup revoyait la lumière !
La tendre inimitié d'*Adolphe* et de *Clara*,
La piquante gaîté de ta *Maison à Vendre*,
Et les touchantes pleurs de la triste *Nina*
Ont su plaire jadis dans le vieil opéra ;
A de plus beaux succès le nouveau doit prétendre.
Et soudain s'attachant aux pas de *Rossini*,
Nos auteurs ont choisi des drames lamentables

D'où le bon sens lui-même est sans pitié banni,
Pourvu qu'aux grands effets ils soient plus favorables.
Par vingt bouches trois mots, trente fois répétés,
Sont pour un *maestro* l'éloquente matière
D'un morceau d'apparat où, se donnant carrière,
Il entasse à grands frais de savantes beautés
Que ne saurait goûter le profane vulgaire ;
Et le pauvre auditeur, au milieu du fracas
Des tambours, des clairons, des trompettes aiguës,
Étonné, consterné, semble tomber des nues,
Trop heureux, s'il démêle à travers ce fatras,
Quelques traits, du bon goût sentinelles perdues.

Ah ! ce n'est point ainsi que l'on charme un Français.
Spirituel, galant, s'il chérit la musique,
Loin de lui ce besoin, cet amour frénétique
Qui, toujours renaissant, ne se lasse jamais.
Aux plaisirs de l'esprit il faut qu'elle conspire,
Et qu'aux lois du poète obéisse la lyre.
Ne soyez pas savant, mais soyez gracieux,
Et sachez captiver, par un mélange heureux,
Notre ame et notre oreille ensemble intéressées
Au charme des accords, au charme des pensées ;
Ou bien, s'il faut changer, changez tout à la fois.

Donnez-nous des chanteurs dont les puissantes voix
De vos thêmes brillans secondent la richesse,
Et non point un gosier dont l'aride faiblesse
Épuise en vains efforts son fausset expirant
Sous l'accablant fardeau d'un orchestre bruyant.

O rivages du Pô, qui baigne l'Italie,
Pittoresque séjour où j'entrai dans la vie ;
Au pied de tes rochers, au bord de tes torrens,
Au sein de tes vallons mystérieux et sombres,
Où des Alpes au loin se prolongent les ombres,
J'ai vu trop vite, hélas! s'enfuir mes jeunes ans.
Aujourd'hui loin de toi s'écoule mon printems ;
Mais je n'habite pas une rive étrangère ;
La France est ma patrie, et la France m'est chère.
Seulement, amoureux des merveilles de l'art,
Avant de dépasser l'imposante barrière
Qui prête à l'Italie un éternel rempart,
Que n'ai-je parcouru cette terre classique
Où des muses jadis s'éleva le berceau,
Où l'on puise en naissant le sentiment du beau,
Où fleurit la peinture, où règne la musique.
La musique! c'est-là le plus riche fleuron
Dont la fière Italie ait paré sa couronne.

Est-il sous ce beau ciel le plus secret vallon
Où d'échos en échos la lyre ne résonne?
Ah! de le voir jamais si l'espoir m'est ravi,
Trop heureux d'admirer vos voix enchanteresses,
Je sens que ce regret par vous est adouci,
O *Pasta, Malibran, Sontag, Pisaroni!*
Vous que Paris du chant proclame les déesses.
Ce n'est pas la douceur de vos brillans accords
Qui seule de mon ame excite les transports;
Mais j'admire surtout la brûlante énergie
De ces mâles accens où respire la vie.
Quel passage soudain et toujours naturel
Du sévère au léger, du doux au solennel!
Tandis que trop souvent on voit sur notre scène
Nos chanteurs en crédit, immolant aux faux dieux,
S'ils peignent les douceurs d'une amoureuse chaîne,
Moduler froidement des soupirs langoureux,
Et, loin des vrais sentiers tracés par la nature,
Prodiguer tous ces traits sans verve et sans facture
Tout ce luxe indigent d'ornemens compassés,
Et ce feu sans chaleur qui nous laisse glacés.

Mais cet art, dont sans doute un long apprentissage
Leur livra les secrets les plus mystérieux,

La musique n'est donc qu'un frivole assemblage
De sons graves, aigus, bruyans, harmonieux,
Dont la molle douceur vient reposer l'oreille,
Dont le rapide éclat la frappe et la réveille ?
O reine des beaux arts, il ne te connaît pas
Celui dont les mépris te ravalent si bas.
Le secret d'émouvoir a fondé ta puissance ;
Et comme une maîtresse, employant tour à tour
Les douceurs, les dédains, le soupçon, l'espérance,
Et d'un amour blasé piquant l'indifférence,
Nous fait de sentimens changer vingt fois par jour ;
Telle aussi la musique, imposante ou légère,
Sous des traits différens sait attacher et plaire,
Et par mille chemins allant toucher au cœur,
De feux toujours nouveaux en réchauffe l'ardeur.
Voilà quel est cet art si cher à l'Italie,
A ce peuple dont l'ame, avide de sentir,
S'il ne parle qu'aux sens, dédaigne le plaisir,
Et, faute d'aliment, languit inassouvie.
Aussi, lorsque j'occupe, en moi tout concentré,
Et de nombreux voisins en esprit séparé,
Quelque coin fortuné de ce divin parterre,
Des muses de Florence auguste sanctuaire,
De mille émotions doucement agité,

Et jusqu'aux cieux d'extase en extase porté :
« Je te salue enfin, séduisante Italie,
Répété-je tout bas d'une voix attendrie,
» Beau pays qu'appelaient mes vœux impatiens,
» Salut ! les voilà bien, tes sublimes accens ;
» Voilà de tes accords l'entraînante magie !
» Oui, mes vœux, un seul jour les a tous accomplis,
» Et j'ai su trouver Rome au milieu de Paris ! »

Insensé ! tu le crois... à ce même parterre
Reviens deux mois plus tard ; tu trouves l'Angleterre,
Et le sombre Chespir apparaît à tes yeux,
Entouré de tombeaux et de spectres hideux [1].
Eh bien, soit : je consens qu'en talens si fertile,
Au mérite étranger la France ouvre un asile.
Et moi j'approuve aussi le peuple hospitalier
Qui, riche par lui-même en trésors littéraires,
Bien loin de repousser les muses étrangères,
Sur ses propres autels vient leur sacrifier.
Mais s'il est du devoir d'un peuple libre et sage
Au génie étranger de rendre un juste hommage,

[1] Que ce nouveau système se maintienne ou non, soit aux *Italiens*, soit à d'autres théâtres, je n'en devais pas moins émettre quelques réflexions sur un ordre de choses qui peut se représenter.

Faut-il, de ce mérite aveugles défenseurs,
Ériger en beautés les plus lourdes erreurs?
Faut-il, par une indigne et vile calomnie,
Qu'à ce zèle bizarre immolant ma patrie,
J'élève mon héros sur l'injuste débris
Des plus nobles talens que la France a produits?

Vantez-moi ces tableaux dont frémit la nature,
Où le sang, échappé d'une large blessure,
Du pâle meurtrier rougit encor les mains;
A certains esprits forts ils plairont, j'en conviens.
Pour moi, lorsque la tendre et fidèle Zaïre,
Sous le fer d'Orosmane, en l'adorant, expire,
Ce n'est point du trépas le spectacle odieux
Que voulait contempler mon regard curieux;
Ce n'est pas là non plus l'émotion barbare
Que réserve à mes sens un immortel auteur.
J'ai vu du fier sultan qu'un faux indice égare
S'allumer sourdement la jalouse fureur.
J'ai vu de loin paraître un menaçant nuage,
Et d'instant en instant se préparer l'orage.
Ma pitié que l'auteur sait accroître avec art,
D'Orosmane éclairant la vengeance imprudente,
Voudrait y dérober sa malheureuse amante,

Et quand l'ingrat sur elle a levé le poignard :
Arrête, ai-je crié, Zaïre est innocente!

Voilà quel intérêt sur mon cœur doit agir :
Ces acteurs d'outre-mer, je dois en convenir,
Au moment du trépas, ont surpris la nature.
D'une sanglante mort la cruelle torture
Semble bien à mes yeux de leurs corps expirans
Lentement déchirer les membres palpitans ;
Et quand pâle, égaré, Roméo sur la scène,
Succombant au poison, par un dernier effort,
Près de sa Juliette en gémissant se traîne,
Je vois la vie en lui luttant contre la mort.
Barbares! si pour nous cet aspect a des charmes,
A de feintes horreurs pourquoi perdre nos larmes?
Courons de l'Espagnol emprunter les couteaux,
Et, sans nous amuser à de vains stratagèmes,
Puisqu'il nous faut du sang, combattons les taureaux,
Et goûtons le plaisir de le verser nous-mêmes.

Mais vraiment, je m'admire!... ô Chespir, est-ce toi
Dont le sombre génie en cet instant m'anime?
Je m'aperçois déjà que je deviens sublime,

Et que ta bile amère a passé jusqu'à moi.

Non, non, de nos milords suivons plutôt l'exemple,
A l'*Opéra* courons oublier nos soucis;
Le plaisir est un dieu qu'on adore à Paris,
Et c'est à l'*Opéra* qu'il a fondé son temple.
Des lois de l'harmonie heureux réformateur,
C'est-là que, désertant le berceau de sa gloire,
Rossini parmi nous a fixé la victoire;
C'est-là que, façonnant un peuple imitateur,
Son génie a trouvé de dignes interprètes
Dont le talent flexible a servi ses conquêtes;
Dont l'archet vigoureux, dont l'énergique voix
De ce genre ampoulé qui régnait autrefois
Ont osé dépouiller la ridicule enflure,
Et dans ses vrais accens imité la nature;
C'est-là que tout seconde un éloquent auteur;
Et de mille instrumens si la voix imposante,
Au premier coup d'archet, nous fait battre le cœur,
Les moyens des chanteurs et leur verve puissante,
Des plus brillans effets atteignent la hauteur;
C'est-là que tout entier se livrant au délire
De cet art inspiré dont il sent tout le prix,
Le Français, qui naguère a vu ses ennemis

De l'Europe à ses mains abandonner l'empire,
Vers le sceptre des arts tournant ses vœux hardis,
Promet encor de vaincre aux combats de la lyre.

Mais il est un chef-d'œuvre où n'atteindra jamais
L'effort infructueux de la scène étrangère.
Qui pourrait égaler et la grâce légère
Et le pompeux éclat de ces drames muets
Où, mêlant aux refrains de la harpe sonore
Le riant appareil des jeux de Terpsichore,
Apollon sur la toile, au gré de ses pinceaux,
Des plus vastes aspects nous offre la merveille,
Et, riche du tribut de ces trois arts rivaux,
Soumet au même charme et les yeux et l'oreille ?
O riches indigens, heureux infortunés,
Sans besoins, sans désirs à vivre condamnés,
Qui, sans pouvoir jamais épuiser votre bourse,
Des plaisirs qu'elle achète avez tari la source ;
O vous, dont le printems, à peine éclos hier,
Sans été, sans automne, est aujourd'hui l'hiver ;
Venez, pour vous encor tous ces plaisirs s'apprêtent ;
Sur ces rians tableaux que vos regards s'arrêtent :
Contemplez cet essaim de folâtres beautés,
De leurs jeunes attraits les molles voluptés,

Ces groupes élégans, ces danses amoureuses,
Et de leurs corps légers les poses gracieuses ;
Voyez-les retracer, dans leurs habiles jeux,
Les rapides progrès d'un mystère amoureux :
Les aimables douleurs, les tendres espérances,
Les désirs emportés, les faibles résistances,
Les timides aveux, les crédules sermens
Et de l'amour heureux les doux enchantemens ;
Et déjà votre sang dans les veines s'agite,
Et déjà votre cœur et tressaille et palpite,
Et l'amour, de vos sens écartant les langueurs,
Dans vos yeux rafraîchis retrouve enfin des pleurs.
Mais vous qui, dans Paris, nouveaux anachorètes,
Dans leurs modestes mœurs imitez les poètes ;
Vous qui, d'une chambrette habitant le réduit,
Consumez dans l'étude et le jour et la nuit ;
N'allez point admirer ces nouvelles Sirènes :
Sous un tissu de fleurs vous trouveriez des chaînes,
Et de votre humble toit fuirait la liberté,
Seul trésor que le ciel laisse à l'obscurité.
Dans vos sens tout nouveaux, tout brûlans de jeunesse,
Se glissera bientôt une fatale ivresse ;
Sur d'épais in-folios vos yeux de haut en bas
Monteront, descendront, et ne les verront pas ;

La nuit même, la nuit, pour vous plus redoutables
Que les remords debout au chevet des coupables,
Vingt fantômes charmans, parés de ces attraits
Dont l'âpre souvenir ne vous quitte jamais,
Des vains rêves du jour prolongeant le mensonge,
Dans les bras du sommeil, vous poursuivront en songe.

Ah ! plutôt, de Minerve austères nourrissons,
Visitez, croyez-moi, l'antique aréopage
Où, zélé surveillant des mœurs et du langage,
Le bon goût chaque soir vient dicter ses leçons ;
Où ces maîtres divins dont la France révère
Les autels par le tems sans cesse rajeunis,
Où Molière, Corneille, et Racine, et Voltaire,
Sur la scène à nos yeux animent ces écrits,
Ces chefs-d'œuvre fameux dont vous fûtes nourris ;
Où, des siècles passés consacrant la mémoire,
Et d'une main habile en dessinant les traits,
Dans le tableau des mœurs, des costumes, des faits,
Thalie en action nous déroule l'histoire ;
Enfin, où des acteurs illustres héritiers
Du sceptre théâtral de leurs grands devanciers,
A leurs traditions, à leurs leçons fidèles,
Des grâces du bon ton nous offrent les modèles.

Je sais que sur les pas de ces astres brillans,
Maintenant parvenus au but de leur carrière,
A peine voyons-nous quelques soleils levans
Montrer à l'horizon leur naissante lumière ;
Que le mérite obscur, à l'ombre d'un carton,
Dans l'oubli trop souvent y vit mourir son nom,
Si honteux d'étayer une muse novice
De l'orgueilleux crédit d'un célèbre patron,
A ses jeunes essais il a fermé la lice.
Mais contre tant d'abus mes efforts seraient vains,
Et sur nos magistrats tout mon espoir repose.
Thalie a déposé dans leurs puissantes mains
La noble mission de défendre sa cause,
Et de leur ferme appui dépendent ses destins.

Quant à vous dont la muse, ardente usurpatrice,
Des règles de la scène a détruit l'édifice ;
Vous qui, dans ce théâtre auguste et respecté
Où régna si long-tems la mâle antiquité,
Avez, des bords lointains de leur sombre patrie,
Évoqué des Byron l'indomptable génie ;
Qui, jaloux d'imiter leurs sublimes écarts,
Dans le vague suivez ces enfans des brouillards ;
Irai-je, vous portant un défi téméraire,

Déployer contre vous une obscure bannière?
Non, non, timide encore, à l'aspect des combats,
Excusez cet aveu, ma prudence recule :
Déjà marchent à vous de plus rudes soldats,
Et mon bras fléchirait sous les armes d'Hercule.
Le dirai-je? parfois j'applaudis vos succès ;
J'estime en vos écrits cette couleur locale,
Ce style pittoresque, et ces détails si vrais;
J'aime à vous voir, vainqueurs de l'école rivale,
Épargner à nos yeux l'insipide scandale
De Romains travestis en galans damerets.
Seulement, croyez-moi, devenus plus dociles
A ces règles du goût, colonnes immobiles
Qui ne reposent pas sur un vain préjugé,
Relevez les autels d'Aristote outragé.
En profanant son culte, est-ce lui qu'on offense?
C'est la raison plutôt dont on brave l'arrêt!
Qui détruit l'unité, détruit la vraisemblance,
Et, sans la vraisemblance, où donc est l'intérêt?
Mais surtout ayez soin d'écarter de la scène
Le rôle dangereux d'un profond scélérat
Qui, dans la fange impure où l'infame se traîne,
Ose s'environner d'un imposant éclat.
Par degrés dépouillant cette horreur salutaire

Que lui doit inspirer une ame sanguinaire,
Le public, ébloui d'une fausse grandeur,
Admirerait enfin comme un grand caractère
Du crime sans remords la tranquille noirceur;
Semblable au malheureux qui, lassé de la vie,
Et pressé du besoin d'en terminer le cours,
D'un regard détourné contemple avec envie
L'instrument assassin qui doit trancher ses jours,
Mais bientôt plus hardi, sur l'arme meurtrière
Attache un œil avide, et prêt à s'en saisir,
Y pose un doigt, enfin de sa main tout entière
A la presser découvre un horrible plaisir.

Rangé sous les drapeaux de l'école classique,
Un seul théâtre était qui, de Thémis voisin,
Aux esprits possédés du démon romantique,
Dès long-tems pas à pas disputait le terrain.
Là venait chaque soir une grave jeunesse
De ses doctes travaux dissiper la tristesse.
Jaloux de s'appuyer d'un éclatant début,
Un jeune auteur, bercé des songes du bel âge,
Voyait-il, aux *Français* apportant un ouvrage,
Même avant l'examen, dédaigner son tribut;
Du Luxembourg lointain il tentait le voyage,

Et, dans son noble espoir, réclamait un appui
Parmi des auditeurs, candidats comme lui,
Qui croyaient, de moitié dans ses rêves de gloire,
A sa cause attachés, partager sa victoire.
O destin rigoureux! ce théâtre n'est plus...
En vain de ses acteurs l'active intelligence
Avait su retarder sa lente décadence;
Dignes d'un meilleur sort, leurs efforts superflus
N'ont pu du moribond ranimer l'existence.
Espérons que du roi les augustes secours
Rendront à l'*Odéon* l'éclat de ses beaux jours.
Puissent-ils, allégeant le fardeau de ses dettes,
Des mains des créanciers préserver ses recettes,
Et puisse le public, bravant les aquilons,
Dépasser chaque soir et repasser les ponts!

J'ai parlé sans détour, et ma tâche est remplie.
Dans l'arène pourtant où je suis descendu
Je combattrais encor, si ma muse affaiblie
Ne m'accusait déjà d'avoir trop combattu.
Eh bien, je veux rester sur le champ de bataille,
Non plus pour y frapper et d'estoc et de taille,
Mais pour y réparer tous les maux que j'ai faits,
Et porter aux vaincus des paroles de paix.

Peut-être quelquefois à travers la mêlée
Ai-je avec le coupable entraîné l'innocent.
C'est ainsi que je dois rendre hommage au talent
Des aimables auteurs dont l'humeur enjouée,
Dans ses plus grands écarts modeste et réservée,
Chez Brunet garde encore un ton noble et décent ;
C'est ainsi qu'emporté d'une sainte colère,
Je n'ai pu distinguer dans la troupe vulgaire
De ces mimes obscurs, logés au boulevart,
Maint acteur, pénétré des secrets de son art,
Qui pourrait, abordant une plus vaste scène,
Avec honneur servir Thalie ou Melpomène.

Enfin, j'aurais voulu consacrer quelques vers
A ce joyeux enfant de la vieille Lutèce
Qui, prêtant ses grelots à la triste sagesse,
Des humains en chantant redresse les travers.
En vain de tous côtés avec persévérance
J'ai couru m'informer où tenait résidence
Cet espiègle, autrefois si connu dans Paris,
Personne, hélas ! n'a pu m'enseigner son logis ;
Et, perdant tout espoir, j'allais battre en retraite,
Quand soudain m'abordant, une antique discrète,
A l'oreille m'a dit, d'un air mystérieux,

Qu'à la suite des tems l'enfant devenu vieux,
Et fredonnant encore, était tombé sans vie,
Et que, dans le lieu même où l'aimable folie
Avait jadis placé le berceau de ses jeux,
Le soir apparaissait son ombre ; mais des larmes
De ces yeux si malins obscurcissaient les charmes ;
Ces refrains consacrés à l'amour, aux plaisirs,
S'étaient aussi changés en langoureux soupirs,
Et quiconque, s'armant d'un courage héroïque,
Osait chez lui porter ses imprudens loisirs,
Tombait appesanti d'un sommeil léthargique.
Ainsi parla la vieille : ami de la gaîté,
J'ai dû, chacun le voit, m'enfuir épouvanté,
Et si, prenant à cœur ce récit effroyable,
A le réputer vrai je me suis trop hâté,
Qu'on accuse la vieille : elle seule est coupable.

ÉPILOGUE.

Agens ambitieux des plaisirs de Lutèce,
O théâtres rivaux d'éclat et de richesse,
Qui, d'un partage égal méconnaissant les lois,
Empiétez l'un sur l'autre, et confondez vos droits ;
Vous, auteurs, peu jaloux d'arriver à la gloire,

Qui, mettant en commun travail, honneur, profits,
Semblez par entreprise exploiter les écrits,
Et vendez à Plutus le temple de mémoire;
O public altéré de la soif du nouveau,
Qui du bon goût toi-même as creusé le tombeau;
Disciples d'Aristarque, intègres journalistes,
D'un siècle innovateur vaillans antagonistes;

Ne les dédaignez pas, mes timides avis;
Ma muse a signalé vos plus grands ennemis.
A la garde du camp surveillante fidèle,
Lorsque sur votre tête ils suspendent leurs coups,
Entendez-vous au loin crier la sentinelle :

GARDE A VOUS !

Nota. Pendant que ces feuilles étaient sous presse, nous avons appris que de remarquables innovations se préparaient encore dans certain théâtre de Paris.

En proie aux justes craintes que nous avons exprimées, faisons des vœux pour le salut de notre scène !

www.ingramcontent.com/pod-product-compliance
Lightning Source LLC
Chambersburg PA
CBHW060528050426
42451CB00011B/1712